BEI GRIN MACHT SICH IHR WISSEN BEZAHLT

AF136020

- Wir veröffentlichen Ihre Hausarbeit, Bachelor- und Masterarbeit

- Ihr eigenes eBook und Buch - weltweit in allen wichtigen Shops

- Verdienen Sie an jedem Verkauf

Jetzt bei www.GRIN.com hochladen und kostenlos publizieren

Bibliografische Information der Deutschen Nationalbibliothek:

Die Deutsche Bibliothek verzeichnet diese Publikation in der Deutschen National-
bibliografie; detaillierte bibliografische Daten sind im Internet über http://dnb.d-
nb.de/ abrufbar.

Impressum:

Copyright © 2019 GRIN Verlag
Druck und Bindung: Books on Demand GmbH, Norderstedt Germany
ISBN: 9783346077745

Dieses Buch bei GRIN:

https://www.grin.com/document/503315

David Koller

Sicherheit und Privatsphäre im Web. Client-Server-Kommunikation mittels Browser, HTTP-Header und Proxys

GRIN Verlag

GRIN - Your knowledge has value

Der GRIN Verlag publiziert seit 1998 wissenschaftliche Arbeiten von Studenten, Hochschullehrern und anderen Akademikern als eBook und gedrucktes Buch. Die Verlagswebsite www.grin.com ist die ideale Plattform zur Veröffentlichung von Hausarbeiten, Abschlussarbeiten, wissenschaftlichen Aufsätzen, Dissertationen und Fachbüchern.

Besuchen Sie uns im Internet:

http://www.grin.com/

http://www.facebook.com/grincom

http://www.twitter.com/grin_com

Aktuelle Forschungsansätze zu Sicherheit und Privatsphäre im Web - eine kritische Betrachtung der Client/Server Kommunikation mittels Browsern, HTTP-Header und Proxys

Abstract. Sicherheit und die Privatsphäre im World Wide Web wird von Nutzern als sehr wichtig angesehen. Jedoch bietet die Kommunikation zwischen Client und Server im Internet viele Angriffsmöglichkeiten und Risiken. Innerhalb dieser Arbeit werden unterschiedliche Aspekte des HTTP-Protokolls mittels HTTP-Header, sowie die Interpretation des Protokolls durch den Browser und die Kommunikation über kostenlose Proxys untersucht. Dabei werden diese anhand von Studien und realen Beispielen erörtert und bewertet.

Keywords: Web Security, Web Application Attacks, MITM, HTTP Headers, Proxies, Free Proxies, Proxy Security Issues, Private Browsing, Web Browser privacy, Private Browsing Mode.

1 Einleitung

Die Digitalisierung durchdringt immer mehr Unternehmen, Prozesse und den Alltag eines jeden Einzelnen. Sie bietet neue Möglichkeiten. Überall durch soziale Medien vernetzt zu sein, Haushaltsgeräte oder das eigene Zuhause auch von unterwegs steuern zu können, sind dabei nur einige Beispiele. Aber natürlich entstehen dadurch auch neue Risiken. Die Sicherheit und Privatsphäre des Nutzers im Internet haben sich dabei zu den größten Herausforderungen der letzten Jahre entwickelt.

„[Für] 97 Prozent der Internetnutzer in Deutschland [ist] Sicherheit bei der Nutzung des Internets von großer Bedeutung [...]. Allerdings stehen das Informationsverhalten und die tatsächlich genutzten Schutzmaßnahmen diesem hohen Sicherheitsbedürfnis teils diametral entgegen."[1]

Trotz des hohen Bewusstseins dieses Problems im Internet zeigen Ergebnisse einer Umfrage des Bundesamtes für Sicherheit in der Informationstechnik, dass sich nur knapp jeder Dritte mit dem Thema IT-Sicherheit auseinandersetzt. Zudem ist die Offenlegung über Risiken und Möglichkeiten zum Schutz nicht für jeden ausreichend transparent und omnipräsent. So beachten gerade einmal 45 Prozent der Befragten, ob die Daten verschlüsselt zwischen Browser und Server ausgetauscht werden.[1] Dies liegt unter anderem an der Aufklärung, da der Otto-Normalverbraucher meist kein tieferes Wissen über SSL/TLS-Kommunikation, Zertifikate oder ähnliches hat, beziehungsweise weiß, worauf geachtet werden sollte.

Vor allem ist das Interesse, möglichst sicher zu sein, nicht in jedem Anwendungsbereich von Wert. 71 Prozent der Befragten verhalten sich laut ihrer Aussage sicherheitsbewusst bei finanziellen Transaktionen wie Onlinebanking. 45 Prozent sind es immerhin noch bei Onlineshopping, bei sozialen Medien und Cloud-Services. Bei der Nutzung von Internet of Things-Geräten sind es hingegen nur noch weniger als 11 Prozent.[1] Hierbei fallen häufig die Aussagen, dass es einem selbst gar nicht bewusst ist, dass im Hintergrund eine mögliche sicherheitskritische Kommunikation existiert, bei der Passwörter oder personenbezogene Daten übermittelt werden. Häufig existieren zudem auch fatale Annahmen des Nutzers über genutzte Applikationen, wie den Inkognito-Modus bei Browsern:

„when you are in private mode there is no direct link to you or your computer so malware etc. would not be saved onto your computer or in your cookies "[2]

Eine weitere empirisch ermittelte Aussage der Nutzer von IT-Produkten ist oft, dass der Anbieter auf ausreichend Sicherheit achten muss, bevor er den Dienst oder das Produkt überhaupt herausgeben darf. Dies ist jedoch nicht immer gegeben, was auch an einem weiteren sicherheitsbedenklichen Problem liegt, was die Friedrich-Alexander-Universität in Erlangen-Nürnberg wie folgt beschreibt:

„In Deutschland herrscht ein enormer Mangel an akademisch geschulten IT-Sicherheitsfachkräften. Gleichzeitig wächst der Bedarf an sicheren informationstechnischen Systemen. Immer wieder auftretende Sicherheitsprobleme von im Einsatz befindlichen Systemen zeigen, dass es häufig an wirksamen Maßnahmen zur Sicherung mangelt."[3]

Folglich ist oft nicht nur der Endverbraucher mit nicht ausreichend Know-How ausgebildet, sondern auch bei der Entwicklung neuer Produkte stößt das Fachpersonal an die Grenzen seiner Expertise. Um Abhilfe zu schaffen, werden oft Frameworks für Sicherheitsfunktionen genutzt. Dies ist prinzipiell positiv, jedoch werden diese dann eventuell nicht mehr ausreichend gewartet. Zudem kommt es häufig vor, dass das Produkt aufgrund von Kosten nicht intensiv genug auf Sicherheitsrisiken untersucht wird. Es entstehen viele Potentiale, die zu sicherheitskritischen Problemen führen können.

In dieser Arbeit geht es darum, diese sicherheitskritischen Potentiale in der Kommunikation zwischen Client und Server anhand von theoretischen Angriffsszenarien zu untersuchen. Anhand einiger Beispiele soll gezeigt werden, dass diese Sicherheitslücken selbst bei großen Anbietern und Unternehmen aktuell immer noch zum Tragen kommen. Weiter wird die Privatsphäre des Nutzers im World Wide Web mittels aktueller Browser-Technologien, sowie Maßnahmen zum Schutz von dieser näher betrachtet. Dazu wird auf die folgenden drei Papiere eingegangen: Misconceptions About Private Browsing [2], Uncovering HTTP Header [22] und ProxyTorrent [26].

2   Client/Server Kommunikation

Das Client/Server-Modell beschreibt das Prinzip der Kommunikation zwischen zwei Teilnehmern innerhalb eines Netzwerkes. Dabei wird unterschieden zwischen Client, sprich dem Anfragenden nach einer Ressource und dem Server, also dem Anbieter von Informationen. Letzterer stellt die angefragten Informationen für mehrere Clients zentral bereit, weswegen auch von einem zentralisierten System beziehungsweise serverbasierten Netzwerk die Rede ist.

Im Detail erfolgt dabei immer eine Anfrage vom Client an den Server (Request), welcher aufgrund der Anfrage-Parameter den Inhalt bereitstellt und an den Client übermittelt (Response) – Abbildung 1. Die aufgebaute Verbindung wird in der Regel nach dem Bereitstellen des Inhalts abgebaut. Folglich muss für eine neue Anfrage beziehungsweise eine weitere benötigte Ressource eine neue Verbindung aufgebaut werden. Eine Ausnahme stellen dabei beispielsweise WebSockets dar, da hierbei eine bi-direktionale Verbindung aufgebaut wird. Diese Art der Kommunikation wird im Weiteren jedoch nicht tiefer betrachtet, da hier Angriffsszenarien differenzierter zu betrachten sind als in der klassischen Request und Response Kommunikation.

Der Client kann dabei auch ein anderer Server oder eine Anwendung sein, welche eine Ressource von einem anderen Server anfragt. Für eine ubiquitäre Sprache innerhalb dieser Arbeit wird im Weiteren der Client in Form eines Browsers verstanden, um die Sicherheitsrisiken in diesem Gebiet detaillierter betrachten zu können. Trotzdem sind spätere sicherheitsbezogene Ansätze, wie die Betrachtung der HTTP-Header, auch auf andere Clients übertragbar und nicht an die Client-Art gebunden.

Gerade um die HTTP-Header tiefer betrachten zu können, gilt es noch zu verstehen, wie Rechner im Netzwerk beziehungsweise Internet kommunizieren. Der abstrakte Gedanke der Request und Response Kommunikation ist dabei die Basis, jedoch muss dazu noch definiert werden, wie dieser Request aussieht und wie die angefragten Inhalte transportiert werden. Dies erfolgt durch definierte Protokolle, die Regeln für ein Format, einen Inhalt und dessen Bedeutung vorgeben. Für den Transport in einem Netzwerk wie dem Internet gibt es zwei unterschiedliche Modelle. Auf der einen Seite das OSI-Modell und auf der anderen Seite das TCP/IP-Modell. Während das TCP/IP-Modell bereits in den 1970er Jahren entworfen wurde, kam das OSI-Modell erst über

10 Jahre später heraus und definiert sieben Schichten der Kommunikation, dagegen enthält das TCP/IP-Modell nur vier Schichten. Die Schichten sind ansatzweise übertragbar und vergleichbar, wie in Abbildung 2 zu erkennen ist.

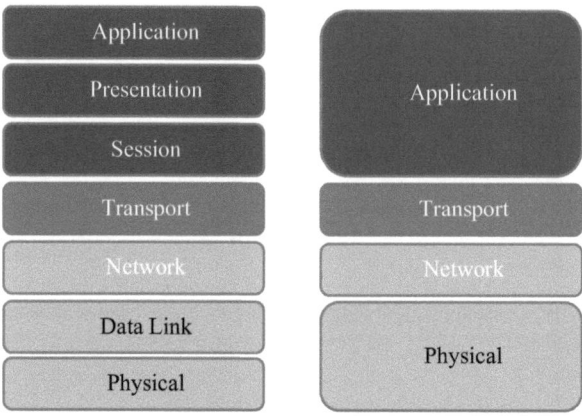

Fig. 2. Aufbau und Vergleich des OSI- (links) und TCP/IP-Modells (rechts).

Entscheidend ist dabei zu verstehen, wie die Kommunikation über diese Schichten erfolgt und welche Schnittstellen dabei beteiligt sind, denn nur so lassen sich Bedrohungen und mögliche Angriffe identifizieren und entsprechende Sicherheitsvorkehrungen treffen.

Während der Client einen Request an den Server schickt, werden alle Schichten des Protokoll-Stacks der eben erwähnten Modelle von oben nach unten durchlaufen. Dabei erfolgt der Vorgang der Kapselung, wobei jede Schicht Metadaten in Form von Headern an die nächste Schicht übergibt. Diese sind für eine spätere Extrahierung und Interpretation auf der Gegenseite wichtig. Am Ende werden in beiden Modellen Datenpakete über eine physische Leitung transportiert. Der Server nimmt alle übertragenen Pakete an, entpackt und interpretiert diese mittels der Header in umgekehrter Stack-Reihenfolge, sprich von unten nach oben.

An dieser Stelle sei erwähnt, dass das HTTP-Protokoll in der Applikation-Schicht verankert ist und folglich der Server beim Senden der Response auf eine Webseiten-Anfrage den angefragten Inhalt beim Kapseln der Pakete mit HTTP-Headern versieht, bevor diese an die nächste Schicht – wieder von oben nach unten - übergeben werden. Der Client entpackt die Pakete wieder in umgekehrter Reihenfolge. Dieses Mal von unten nach oben und erhält so in der letzten Schicht die HTTP-Header des Servers, um diese dann im Browser zu interpretieren.

Mögliche Sicherheits- und Angriffsmöglichkeiten dieser Header werden später im Detail betrachtet. Jedoch soll vorab ein Beispiel gegeben werden, wofür diese Header gut sein können. Mit Hilfe des **X-Frame-Options**-Header kann der Betreiber einer

Webseite verhindern, dass diese von einem anderen Anbieter ohne Wissen darüber integriert wird und so aufgrund der externen Seite ein Imageschaden oder ein mögliches Angriffsszenario wie zum Beispiel Clickjacking entstehen könnte. Mit Hilfe des Headers kann der Server beim Übertragen der Response angeben, wer den Inhalt anzeigen darf, wie zum Beispiel keiner oder nur der Betreiber einer bestimmten URL. Folglich interpretiert der Browser diese Vorgabe des Servers und im Falle eines nicht erlaubten Zugriffs wird dem Nutzer ein Fehler angezeigt. Dieses setzt jedoch voraus, dass der Client diese Vorgabe des Protokolls richtig interpretiert.

3 Allgemeine Angriffsszenarien

An dieser Stelle soll noch auf einige allgemeine Angriffsszenarien und Definitionen eingegangen werden, um in den folgenden Kapiteln die detaillierten Angriffsvektoren zu verstehen.

Man-in-the-middle-Attacke. Ziel dieser Attacke ist es, dass der Angreifer die Datenpakete zwischen Client und Server abfangen möchte. Dazu platziert der Angreifer sich, beziehungsweise ein schädliches Programm dazwischen, um den Datenfluss abzufangen und manipulieren zu können. Er dient folglich als Mittelsmann und kann sowohl dem Client als auch dem Server anderen Inhalt vermitteln.

Cross-Site-Scripting (XSS). Mittels eines Schadprogrammes wird hierbei versucht, an vertrauliche Informationen zu gelangen. Dazu gibt es unterschiedliche Arten. Eines ist dabei aber immer gleich, dass der Angreifer dem Opfer das Schadprogramm injiziert, sei es über eine Webseite, eine URL oder in den Browser des Opfers direkt. Dadurch können vertrauliche Daten des Opfers ausgelesen und an den Angreifer gesendet werden.

Cross-Origin-Ressource-Sharing (CORS). Mit dem CORS-Header soll abgesichert werden, dass Inhalte nur von einem bestimmten Ziel-Server geladen werden können. Schafft es der Angreifer diesen HTTP-Header zu manipulieren, kann er beim Opfer auch ein Schadprogramm von einem anderen Server ausführen lassen.

Social Engineering. Mittels Social Engineering versuchen Angreifer das Opfer zu instrumentalisieren. Dazu geben sie sich als Bekannte oder vertrauenswürdige Person aus, um das Opfer so dazu zu bewegen, etwas Selbstschädigendes zu tun.

4 Privatsphäre mittels Browser-Kommunikation

Bereits vor knapp zehn Jahren ergab eine Umfrage in Deutschland, dass 94 Prozent der befragten Internetnutzer über 14 Jahren ihre Privatsphäre im Internet als kritisch betrachten oder zumindest sehr darauf achten. Gerade einmal sechs Prozent gaben an, dass sie es als unbedenklich ansehen oder sie nicht interessiert sind an diesem Thema – Abbildung 3. [11]

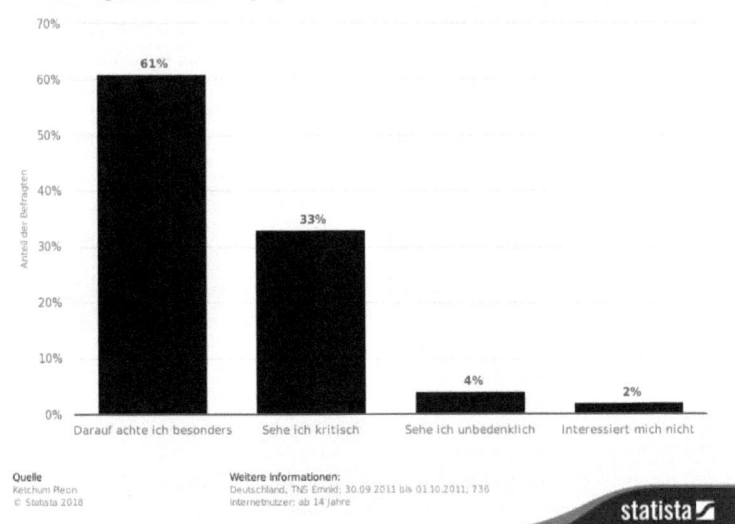

Fig. 3. Umfrage zur Privatsphäre im Internet in Deutschland. [11]

Trotz dieses hohen und kritischen Bewusstseins ergab eine weitere Studie des Harvard Business Review im Jahr 2014 folgendes:

„Die Deutschen wissen am wenigsten […] [verglichen mit der USA, Großbritannien, China und Indien]. Nur wenige waren sich darüber bewusst, welche Daten sie mit ihrem eigenen Nutzungsverhalten preisgaben."[12]

Dazu gehören Informationen der Geo-Position oder des Browsers, wie die installierte Version, hinzugefügte Plug-Ins, Schriftarten, aber auch Grafikkarten-Informationen, die Bildschirm-Auflösung und vieles mehr werden beim Browsen im Internet an Anbieter von Plattformen übertragen.[18,19] Anhand dieser Informationen kann ein Fingerprint eines jeden einzelnen Benutzers erstellt werden, der aufgrund dieser verschiedenen Faktoren auf der Welt einzigartig und somit auch zurückverfolgbar ist.

Zudem speichern Webseiten sogenannte Cookies auf dem Rechner des Clients, um Inhalte zu personalisieren oder auf anderen Seiten auf diese Status-Informationen zuzugreifen – zum Beispiel der Inhalt eines Warenkorbs. Durch diese Informationen geben Nutzer aber Teile ihrer Privatsphäre preis. Theoretisch kann dadurch auch über mehrere Seiten hinweg ein Tracking des Nutzers erfolgen und personalisierte Werbung angezeigt oder mittels Machine Learning Vorhersagen über zukünftige Transaktionen getroffen werden. Gerade bei Onlineshop-Systemen wird viel mit den zuletzt genannten

Cookies gearbeitet, um den Warenkorb abbilden zu können oder neue Produktvorschläge aufgrund bisheriger Einkäufe zu machen. Hier kommt Fingerprinting eher selten zum Einsatz, da diese Art der Identifizierung noch relativ neu ist.[14]

4.1 Schutz durch Browser

Nutzer schützen ihre Privatsphäre basierend auf einer Umfrage der Convios Consulting GmbH aus dem Jahr 2018 hauptsächlich, indem sie Privatsphäre-Einstellungen in Browsern oder Apps nutzen.[15] Dazu dient der sogenannte Inkognito-Modus, welcher in den fünf am weitesten verbreiteten Browsern bereits etabliert ist – Chrome, Edge, Firefox, Safari und Opera.

Dieser Modus ermöglicht es, den Such- und Browserverlauf, temporäre Dateien, den Download-Verlauf, sowie Cookies nicht auf dem Client dauerhaft zu speichern, um beispielsweise durch diese nicht getrackt oder durch das Nutzen eines Computers durch mehrere Personen nicht von diesen überwacht werden zu können. An dieser Stelle sei erwähnt, dass trotz des privaten Modus es in Browsern möglich ist, Formulare automatisch mit gespeicherten Daten ausfüllen zu lassen, auf Lesezeichen zuzugreifen und neue hinzuzufügen oder dass auch ein Tracking des Nutzers mittels des gerade erwähnten Fingerprints möglich ist. Der private Modus schützt davor nicht.

Eine weitere Schwachstelle des Inkognito-Modus, welche durch die Stanford Universität aufgedeckt wurde, entsteht bei der Kommunikation des Clients mit dem Server. Denn erfolgt diese verschlüsselt, geschieht dies mittels eines Server-Zertifikates, welches im Browser trotz des privaten Modus dauerhaft gespeichert wird.[16] Anhand dieser Zertifikate könnte zurückverfolgt werden, welche Seiten zuletzt aufgerufen wurden und somit kann eine Verlaufshistorie erstellt werden.

Im Bereich der Erweiterungen von Browsern unterscheiden sich die verschiedenen Browser hinsichtlich des privaten Modus. Während der Edge, Chrome und Opera Browser diese standardmäßig deaktivieren, lassen Firefox und Safari jegliche Zugriffe zu, wodurch das Fingerprinting und mögliche Zugriffe durch Plug-Ins auf das Suchverhalten wiederum möglich sind und Daten preisgegeben werden.

4.2   Missverständnisse des Inkognito-Modus

Eine Studie der Universtäten aus Chicago und Hannover hat untersucht, was Benutzer von dem privaten Modus denken beziehungsweise ob sie wissen, was dieser an Unterstützung für Sicherheit und Privatsphäre bietet. Hierzu wurden 460 Personen aus den USA mittels Amazons Mechanical Turk befragt. Als Ziel sollten Missverständnisse des Inkognito-Modus mit Fokus auf Geo-Positionen, Werbung, Viren und Tracking untersucht werden, um folglich Nutzer in diesem Gebiet zu sensibiliseren. Der befragten Ziel-Gruppe, von welcher nur 11,5 Prozent einen technischen Hintergrund besaßen, wurden dazu unterschiedliche Multiple Choice-Fragen gestellt, ob sich beispielsweise die Ladezeit zwischen dem Standard-Modus und dem Privat-Modus unterscheidet oder welche Daten in welchem Modus existent sind und gespeichert werden.

Als erstes Resultat der Umfrage wurden die Hauptgründe für die Nutzung des privaten Modus in Browsern analysiert. Diese sind:

— Verstecken der Browser-Historie von Erwachsenen-Seiten
— Vermeiden von personalisierter Werbung und Suchvorschlägen
— Ein „sichereres" Browsen im Internet
— Kein Speichern von Zugangsdaten
— Vermeiden von Cookies
— Anonymität zwischen mehreren Nutzern an einem Computer

Zudem ist die Nutzungshäufigkeit des privaten Modus im Vergleich Desktop mobilen Endgeräten interessant zu betrachten, denn 80,4 Prozent nutzen bei Desktop-Computern den privaten Modus immer wieder, bei mobilen Geräten hingegen nur 19,1 Prozent. [2] Die Befragten konnten im Fragebogen zudem angeben, wie sicher sie sich bei ihrer Antwort sind, wodurch zwei Faktoren bei der Auswertung berücksichtigt werden konnten. Auf der einen Seite der Anteil der richtig beantworteten Fragen, auf der anderen Seite der Vertrauensfaktor, wie sicher sich die Person beim Beantworten ist. Dabei stellte sich anhand der richtigen Antworten und zusätzlich abgefragten demografischen Parametern heraus, dass mehr männliche als weibliche, sowie mehr jüngere als ältere Personen richtig antworteten. Erstaunlich ist, dass hauptsächlich aktive Nutzer des Inkognito-Modus sich mit ihren Antworten unsicherer waren und folglich ein niedrigerer Vertrauensfaktor über alle Antworten hinweg errechnet wurde.

Doch wie bereits zu Beginn erwähnt, kommt es durch Internetnutzer immer wieder zu fatalen Fehlannahmen, so auch in dieser Umfrage bezogen auf den privaten Modus:

„I like not being able to be stalked by people when I`m surfing the web "[2]

Solche Aussagen sind den Studien-Auswertungen[2] häufiger zu entnehmen und zeigen auch, wieso nur drei der 20 Fragen von fast allen Teilnehmern richtig beantwortet wurden. Bei den restlichen Ergebnissen gilt es zu unterscheiden zwischen: Die Funktionen des privaten Modus und folglich der Schutz der Privatsphäre wurden überschätzt, unterschätzt oder sind abhängig von dem genutzten Browser.
Im Folgenden soll es hauptsächlich um die überschätzten Funktionen gehen, da hier das Problem ist, dass Nutzer Annahmen treffen und sich aufgrund dieser sicherer fühlen, als es in Wirklichkeit der Fall ist – Tabelle 1.

Table 1. Überschätzte Funktionen des Inkognito-Modus. [2]

Scenario	Answer		% Incorrect	
	Standard	Private	Standard	Private
Search queries associated (logged in)	Yes	Yes	1.5	56.3
Bookmarks saved across sessions	Yes	Yes	25.4	46.5
Geolocation can be estimated	Yes	Yes	5.2	40.2
Employer can track browsing	Yes	Yes	1.1	37.0
Better protected from viruses/malware	Standard = Private		27.1	27.1
IP address can be collected	Yes	Yes	0.7	25.2
Government can track browsing	Yes	Yes	4.1	22.6
ISP can track browsing	Yes	Yes	3.0	22.0

Erschreckend ist, dass 56,3% der Nutzer denken, dass trotz einer aktiven Session/Anmeldung bei einem Anbieter wie Google, Facebook, etc. es im privaten Modus für diesen Anbieter nicht möglich sein soll, Suchanfragen miteinander zu verknüpfen und zu speichern. Dies ist jedoch problemlos möglich, da jegliche Informationen und Interaktionen mit der Webseite sich jederzeit zu dem angemeldeten Account aufgrund der aktiven Session zuordnen lassen.

Genauso sind 40,2 Prozent der Befragten der Meinung, dass die Abfrage des wirklichen Standortes durch den Inkognito-Modus nicht möglich ist oder sogar anonymisiert wird. Jedoch ist der Standort von der Internet Protokoll (IP)-Adresse abhängig, welche jedes Gerät im Internet ausweist und als eine Art Postanschrift dient, um jedem Gerät die entsprechenden Informationen und Pakete bereitzustellen. Da die IP-Adresse durch den privaten Modus nicht anonymisiert wird, ist es folglich auch für den Arbeitgeber, die Regierung oder auch den ISP, sprich den Internet-Provider möglich, den Benutzer und dessen Interaktionen auch nachträglich noch zu verfolgen.

Auch bietet der Inkognito-Modus keinen Schutz vor Viren und Malware, da der Nutzer unabhängig vom Browser auf Netzwerk-Ebene als ganz normales Gerät zu erreichen ist. Folglich liegen auch hier 27,1 Prozent der Befragten falsch in ihrer Annahme. Eine Möglichkeit, seine IP-Adresse trotzdem zu verstecken, ist mittels Virtuellen Privaten Netzwerken oder Proxys, auf welche im späteren Kapitel noch etwas näher eingegangen wird. Aber dies schützt den Nutzer natürlich auch nicht komplett. Wenn er sich beispielsweise auf einer Seite anmeldet, können Internet-Provider und die Regierung dies zwar nicht mehr direkt nachvollziehen, aber der Anbieter der Plattform trotzdem noch. Genauso bietet weder der private Modus noch Proxys einen direkten Schutz vor Malware und Viren, außer das virtuelle Netz hat zusätzliche Firewalls und Schutzmechanismen etabliert.

Der Inkognito-Modus schützt folglich nicht vor allem. Trotzdem kann er in manchen Szenarien hilfreich sein, zum Beispiel, wenn sich mehrere Personen einen Computer teilen oder aufgrund von nicht-existenten Cookies eine „anonymere" Google-Suchanfrage gestellt werden soll. Jedoch schützt er ohne weitere Maßnahmen nicht vor Fingerprinting-Methoden, der Preisgabe der Geo-Position oder IP-Adressen-Tracking.

5 HTTP-Header - Inkonsistenzen und Angriffsszenarien

Der Anteil an mobilen Endgeräten und Nutzern im Internet steigt stetig an.[20] Begriffe wie „Mobile First" haben Unternehmen inzwischen durchgängig erreicht und stehen im Fokus neuer Start-ups. Doch auch bestehende Lösungen, die bisher hauptsächlich auf Desktop-Computer ausgerichtet waren, müssen für die mobilen Endgeräte angepasst und etabliert werden. Doch aufgrund der schwächeren Hardware-Ressourcen von Smartphones und Tablets stehen meistens erst einmal das Design als auch die Performance und Usability der neuen Anwendung im Fokus. Aspekte der Sicherheit geraten dabei oft in den Hintergrund. Gerade bei Backend-Systemen, die mehrere Geräte mit unterschiedlichen Inhalten unterstützen, kommt es zu Problemen, da sowohl die Teams aus verschiedenen Entwicklern bestehen und diese unterschiedliche Anforderungen erhalten, als auch verschiedene Technologien für die Umsetzung in Richtung Kunde benutzen.

„We found out that these inconsistencies emerge due to the complexity and flexibility of web deployment to support different browser form factors, including desktop browser and mobile browser. "[22]

HTTP-Header sind wie in Kapitel 2 bereits erwähnt ein Teil der Kommunikation zwischen Client und Server und durch das HTTP-Protokoll definiert. Diese Header können dabei helfen, Daten auf der Client-Seite zu speichern, wie die bereits erwähnten Cookies aus Kapitel 4.1, den User-Agent des Clients auszulesen, um diesem aufgrund des Browsers und Betriebssystems eine optimierte Website anzuzeigen. Header können aber auch können aus Sicherheitsgründen nützlich sein, um beispielsweise dem Client gewisse Interaktionen vorzugeben oder zu verbieten – vorausgesetzt, der Client interpretiert diese richtig und der Server ist korrekt konfiguriert. Genau an dieser Stelle kommt die Schwierigkeit ins Spiel: Die jeweiligen Produktteams nutzen verschiedene Technologien, welche auch oft durch unterschiedliche Personen genutzt werden. Folglich kann dieses bedeuten, dass gewisse HTTP-Header in der Desktop-Anwendung gesetzt sind, möglicherweise in der mobilen Webseite aber nicht. Hier entsteht eine Inkonsistenz, die durch Angreifer ausgenutzt werden kann, um an nicht erlaubte Informationen oder Berechtigungen zu gelangen.

Ein Beispiel könnte der in Kapitel 2 bereits erwähnte **X-Frame-Options**-Header sein, der möglicherweise auf einer mobilen Webseite nicht gesetzt ist, auf der Desktop-Seite hingegen schon. Ein Angreifer könnte nun, die externe mobile Webseite in seine Seite einbinden und dem Nutzer so das Gefühl geben, auf der richtigen Seite zu sein, um dann Informationen wie Zugangsdaten des Nutzers abzufangen. Dazu werden gewisse Eingaben an ein anderes System – das System des Angreifers – weitergeleitet, ohne dass der Nutzer davon etwas bemerkt. Gerade mit unglaublichen Preisangeboten versuchen sogenannte Scammer, den Nutzer dazu zu bringen, seine Zugangsdaten oder Kreditkartendaten einzugeben. Dieses Szenario wird auch Clickjacking genannt.

5.1 Angriffsszenarien

In einer Studie an der Texas A&M Universität wurde mittels eines Crawlers die bekanntesten 70000 Seiten mit unterschiedlichen Einstellungen auf Inkonsistenzen der HTTP-Header und sich daraus ergebende sicherheitskritische Szenarien untersucht. Dazu wurden die Seiten mit unterschiedlichen User-Agents (HTTP-Header des Clients) über die Jahre 2016 und 2017 aufgerufen. Das Angriffsszenario stellt dabei die Sicht eines Nutzers dar, der über die verschiedenen Webanfragen an das gleiche System Daten sammelt und vergleicht, um mögliche Sicherheitslücken durch unterschiedliche Aufrufe zu identifizieren. Dabei steht im Folgenden der Fokus auf den Zugriff auf Webinhalte mittels eines Desktop-User-Agents und einem Mobile-User-Agents, sowie der Zugriff auf Ressourcen mittels HTTP-Aufrufe ohne SSL- beziehungsweise TLS-Verschlüsselung. Bevor auf die Ergebnisse der Studie eingegangen werden kann, gilt es darzustellen, nach welchen Kriterien die Webseiten untersucht wurden. Dabei sind folgende Varianten zu unterscheiden.

Widersprüchliches Vorhandensein und Fehl-Konfiguration von Server-Headern. In diesem Szenario wurde untersucht, inwiefern sich Sicherheits-Header bei einer Anfrage mittels eines Desktop-Client im Vergleich zu einem mobilen Client unterscheiden. Im Falle einer Inkonsistenz könnte ein Angreifer versuchen, sein Opfer auf eine Webseite zu leiten, die diese Sicherheitsaspekte nicht unterstützt und folglich Zugriff auf dessen Konto oder Daten erlangen.

Ein Beispiel hierfür ist, dass der Angreifer identifiziert, dass die betroffene Webseite auch Programmcode von einer Sub-Domain oder einem externen System erlaubt. Dies wird durch den Content-Security-Policy-Header spezifiziert. Folglich könnte der Angreifer mittels einer XSS-Lücke oder einer man-in-the-middle-Attacke ein Schadprogramm von einer anderen Quelle in die eigentliche Seite injizieren und so beim Aufruf der infizierten Seite durch das Opfer an dessen Daten und Sessions gelangen.

Fehlende HTTPs-Weiterleitung. Der Strict-Transport-Security-Header weist den Browser beziehungsweise Client an, nur über eine sichere Verbindung mit dem Server zu kommunizieren. Das Ziel eines Angreifers ist es jedoch, immer möglichst unsichere Kanäle zu identifizieren. Ein Beispiel hierfür wäre das Aufrufen der Desktop-Webseite, welche beispielsweise nicht verschlüsselt kommuniziert, um darüber mittels einer man-in-the-middle-Attacke Pakete abfangen zu können. Der Angreifer versucht in diesem Beispiel dann mittels Social Engineering sein Opfer auf die unverschlüsselte Seite zu locken oder den Request durch das Abfangen der Verbindung an die nicht verschlüsselte Adresse zu senden. Eine eigentlich sichere Anfrage des Opfers wird somit durch das Manipulieren der URL durch den Angreifer an die unsichere mobile Ressource des Servers weitergeleitet, welche das erhoffte Verschlüsselungs-Upgrade nicht unterstützt. Daraus resultiert, dass der Angreifer Informationen abfangen kann, wie beispielsweise die Cookies einer aktiven Session des Nutzers. Das hier erwähnte Szenario wurde innerhalb dieser Studie bei dem Wettanbieter bet365 entdeckt und an diesen bereits kommuniziert und behoben.[22]

Cookie Inkonsistenz. Cookies sind dazu nötig, um einen Zustand zwischen Client und Server herzustellen, da das zustandslose HTTP-Protokoll einen solchen nicht unterstützt. Über eine HTTPs-Kommunikation werden diese Cookies auch verschlüsselt transportiert – ohne jedoch nicht. Ein Angreifer könnte diese innerhalb des gleichen Netzwerks zum Beispiel im Cafe um die Ecke, bei einer nicht verschlüsselten Verbindung, problemlos abfangen und sich dann auf Facebook mit der Identität des Opfers ausgeben. Um dies zu verhindern, gibt es beispielsweise den HttpOnly-Header, welcher besagt, dass Cookies nur verschlüsselt übertragen werden dürfen. Jedoch gibt es viele Seiten, die dies zum Beispiel für Desktop-Schnittstellen unterstützen, aber nicht für mobile Clients oder auch anders herum. Cookies könnten somit aufgrund der Fehlkonfiguration des Servers wieder abgefangen werden und Sessions auf einer Webseite übernommen werden – auch Session hijacking und cookie stealing genannt.

Diese Inkonsistenzen zwischen verschiedenen Clients und den unterschiedlichen Server-Konfigurationen wurden innerhalb der erwähnten Studie mittels verschiedener User-Agent-Aufrufen untersucht.

5.2   Real ermittelte Szenarien

In der in Kapitel 5.1 erwähnten Studie entdeckten die Herausgeber in 2000 der 70000 analysierten Seiten mindestens eine Sicherheitslücke. Dabei muss relativiert werden, dass nur mit zwei unterschiedlichen User-Agents gearbeitet wurde, einer für mobile und einer für Desktop-Clients. Zudem erschwerte die Analyse, dass viele Seiten aus dynamischen Inhalten bestehen oder Anmeldungen nötig sind, um vollen Zugriff auf alle Ressourcen zu erhalten. Dies war nicht Umfang der Analyse, weshalb nur die Startseite der jeweiligen Plattform untersucht werden konnte. Folglich sind durchaus noch viel mehr bedenkliche Sicherheitslücken möglich.

Viel erstaunlicher ist an dieser Stelle anzumerken, dass selbst große Anbieter wie Netflix und Google von Sicherheitsproblemen nicht auszuschließen sind. Im Folgenden soll auf die entdeckten Beispiele näher eingegangen werden.

Disneystore.com. Das Beispiel des Disneystores zeigt gut auf, wie unterschiedlich die Entwicklungszyklen von unterschiedlichen Produkten beziehungsweise der Desktop- und der mobilen Webseiten sein können und bezieht sich auf die Cookie Inkonsistenz aus Kapitel 5.1. Das Problem beim Disneystore bestand darin, dass der HttpOnly-Header sowohl bei der mobilen als auch der Desktop-Anwendung auf nicht aktiv gesetzt war und somit Session-Cookies, die einen Nutzer nach der Anmeldung in einem System eingeloggt lassen, auch über eine nicht verschlüsselte Kommunikation übertragen werden. Die Desktop-Anwendung nutzt dafür den „JSESSIONID" Cookie einer Java Enterprise-Applikation, während die mobile Anwendung einen „access_token" zur Authentifizierung nutzt. Die Kombination beider Cookies kann jedoch dafür genutzt werden, eine vollwertige Session eines Nutzers zu übernehmen und als dieser auf der Disneystore-Seite angemeldet zu sein, ohne die Zugangsdaten zu kennen.

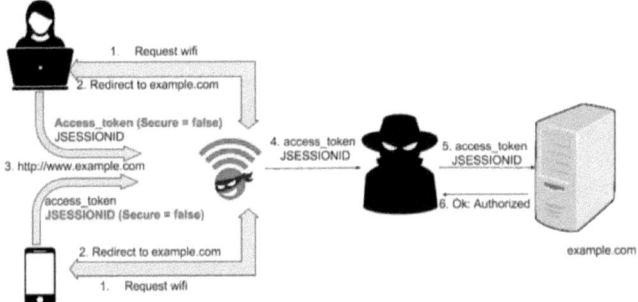

Fig. 4. Plattform übergreifendes Cookie-Angriffsszenario - Disneystore.com[22]

Der Angreifer müsste folglich das Opfer dazu bringen, sowohl über die mobile Seite als auch über die Desktop-Anwendung angemeldet zu sein und die Cookies dann über die unverschlüsselte Verbindung durch eine man-in-the-middle-Attacke abfangen – Abbildung 4. Einer Studie von ComScore zufolge sind in den Jahren 2013 bis 2015 57 bis 84 Prozent der Nutzer auf beiden Plattformen parallel unterwegs. Daher stellt dies kein allzu unrealistisches Szenario dar.[23] Schließlich könnte der Angreifer sich zum Beispiel im Disneystore anmelden und im Namen des Opfers und mit dessen hinterlegten Zahlungsdaten die neuesten Marvel-Artikel an eine Packstation liefern lassen.

Netflix.com. Bei Netflix stellte sich ebenfalls heraus, dass der HttpOnly-Header für mobile User-Agents nicht aktiviert war und folglich Cookies auch bei nicht verschlüsselten Verbindungen übertragen und somit auch abgefangen werden konnten. Bei Netflix handelte es sich zudem noch um eine XSS-Lücke, welche es ermöglicht, Cookies über JavaScript auszulesen und an einen anderen Web-Service zu verschicken, auf welchen der Angreifer Zugriff hat. Auch dies würde der HttpOnly-Header eigentlich verhindern, wäre er aktiv. Inzwischen wurde dieser Fehler jedoch behoben und der Header wurde für die mobile Anwendung aktiviert. Trotzdem soll an dieser Stelle noch weiter auf diese Thematik eingegangen werden, um für ein weiteres Thema zu sensibilisieren. Denn selbst dann, wenn der HttpOnly-Header aktiv ist, kann dieser Sicherheits-Header im Falle einer cross-site-tracing-Lücke umgangen werden. Diese besagt, dass der Client im Falle eines HTTP Trace-Befehls trotz des HttpOnly-Headers die Authentifizierungs-Cookies an den Server mit überträgt. Enthält eine Seite zusätzlich eine XSS-Lücke, kann der Angreifer einen Trace-Request an den Server schicken und bei der Response des Servers das Cookie auslesen und sich damit im Namen des Opfers ausgeben. Es sei zwar erwähnt, dass neue Browser einen Trace-Befehl mittels JavaScript nicht mehr unterstützen, dennoch sei auf dieses Szenario hingewiesen, da es ein Beispiel dafür ist, mit einem harmlos aussehenden Befehl einen bestehenden Sicherheits-Header zu umgehen.[24]

14

5.3 Studien-Resultate

Die Studie untersuchte die 70000 Webseiten über ein Jahr und bewertete die Seiten dabei anhand eines Regelwerks. Wenn zum Beispiel ein Security-Header in einem User-Agent gesetzt ist, muss dieser für folglich alle User-Agents gesetzt werden. Ist dies nicht der Fall, wird die Seite mit einer Inkonsistenz ausgezeichnet.

Erstaunlich aus den Resultaten zu entnehmen ist, dass bei 36350 Webseiten, also bei mehr als 50 Prozent, keine automatische Weiterleitung zu einer verschlüsselten Verbindung erfolgt, sprich der Strict-Transport-Security-Header ist nicht aktiv. Zudem sind gerade einmal 51 Desktop-Webseiten, sowie 47 der mobilen Anwendungen für Cross-Origin Resource Sharing richtig konfiguriert.[22] Dies bedeutet eine extreme Ineffizienz dieses Headers und lässt darauf schließen, dass diese Server-Konfigurationen hauptsächlich mit einer Wildcard versehen sind und somit Ressourcen unabhängig der Domain geladen werden können. Folglich wird es durch eine potentielle XSS-Lücke ermöglicht ein externes Schadprogramm in eine Seite zu injizieren.

Erschreckend ist auch, dass es zwischen 2016 und 2017 bei Nutzung des gleichen User-Agents kaum Veränderungen beziehungsweise Verbesserungen in der Anzahl der falsch konfigurierten Webseiten gibt. Im Jahr 2017 wurden hingegen in der Studie zusätzlich die Webseiten mit neueren User-Agents von neuen Browser-Versionen untersucht und dabei wurden weniger Inkonsistenzen als zuvor entdeckt.[22]

Daraus lässt sich das Resultat ziehen, dass es als Nutzer Sinn macht, die neuesten Updates von Browsern zu installieren. Zudem kommt hierbei auch der zusätzliche Schutz hinzu, dass neuere Browser standardmäßig fehlende Sicherheits-Header automatisch hinzufügen, um Fehlkonfigurationen am Server entgegenzuwirken.

6 Schutz durch kostenlose Proxys

Ein Proxy ist eine Applikation oder ein Dienst, der zwischen Client und Server interagiert und den Datenfluss kontrollieren oder beschränken kann. Dies wird hauptsächlich im Enterprise-Umfeld verwendet. Ein Proxy kann aber auch genutzt werden, um eine andere Internet-Protokoll (IP)-Adresse zu erhalten, da die IP-Adresse des Proxys nach außen preisgegeben wird. Dadurch wird dem Nutzer etwas Privatsphäre geboten, denn die eigene IP-Adresse wird nicht offengelegt. Folglich können so auch Web-Inhalte abgefragt werden, die im eigenen Land gesperrt oder aktuell aufgrund eines Urlaubs im Ausland nicht erreichbar sind.

Es werden dabei drei Arten von Proxys klassifiziert:

transparent. Diese Proxys übermitteln die Internet-Protokoll-Adresse des Clients mittels des X-FORWARD-FOR HTTP-Headers an den jeweiligen Server. Dieser kann dadurch den eigentlichen Client identifizieren und erkennt, dass die Anfrage über einen Proxy gesendet wurde.

anonymous. Diese Art unterdrückt die Übermittelung von Client-Informationen an den Server. Jedoch wird der HTTP-VIA-Header gesetzt, wodurch sich der Proxy als Vermittler der Anfrage dem Server zu erkennen gibt.

elite. Hierbei handelt es sich um die anonymste Proxy-Art, da weder Identifizierungs-Header noch Client-Informationen gesendet werden. Jedoch angenommen der Proxy wird durch viele verschiedene Clients parallel beim Aufrufen des gleichen Servers genutzt, könnte dieser den Proxy als solchen entlarven.

6.1 Vorgehen zur Bewertung von kostenlosen Proxys

Im Internet existieren neben vielen kostenpflichtigen Proxy-Angeboten auch kostenlose Proxys, die jedoch nur kurze Zeit verfügbar sind, langsame Geschwindigkeiten anbieten oder böswillige Absichten haben. Gründe hierfür sind neben den böswilligen Hintergedanken auch Fehlkonfigurationen durch Administratoren, sowie eine Marketing-Maßnahme, um neue Kunden für ein kostenpflichtiges Abonnement zu gewinnen.

Telefonica und AT&T Research untersuchten über zehn Monate hinweg sowohl die böswilligen Absichten von freien Proxys als auch die Performance (aktive Messungen) und Anwendungsfälle durch Nutzer (passive Messungen). Dabei wurden innerhalb des Zeitraums 180000 freie Proxys untersucht und Statistiken über das Nutzungsverhalten von 1500 Nutzern ermittelt.[26] Die Untersuchung wurde dabei anhand des folgenden vierstufigen Modells durchgeführt:

Phase 1. Mittels eines Servers werden jeden Tag Webseiten nach kostenlosen Proxys gecrawlt und an Phase zwei zur Evaluierung übergeben.

Phase 2. In Phase zwei wird zunächst eine Datei mit einem Kilobyte von einem eigenen Server heruntergeladen und mittels eines Bewertungssystems evaluiert. Dazu wird der übertragene Inhalt mit dem erwarteten Inhalt überprüft und im Falle einer hundertprozentigen Übereinstimmung mit dem Wert eins bewertet. Alle Proxys mit einem Wert größer als 0,5 werden dabei als „working" definiert. Dieser Wert ist empirisch ermittelt, damit Proxys mit Fehler- oder Anmeldeseiten, welche einen Wert von 0,3 haben, von weiteren Phasen aussortiert werden. Proxys, bei denen der Host nicht erreichbar ist oder bei denen eine Zeitüberschreitung beim Übertragen der Datei auftreten, werden als „unresponsive" oder „unreachable" deklariert und ebenfalls aussortiert. Die funktionierenden Proxys werden zudem aufgrund der übertragenen Header nach dem jeweiligen Anonymitätslevel kategorisiert – transparent, anonymous oder elite. Damit soll später dem Nutzer eine Auswahlmöglichkeit geboten werden und eine Analyse über die Nutzung möglich sein.

Phase 3. Phase drei untersucht die funktionierenden Proxys weiter nach böswilligen Interaktionen, indem eine Webseite in einem headless-Browser einmal mit und einmal ohne Proxy aufgerufen wird und folglich auf Veränderungen verglichen werden kann. Die Webseite ist dabei so konzeptioniert, dass sowohl Veränderungen im HTML- und JavaScript-Programmcode als auch das Ersetzen von Bildern und dem Favicon möglich sind. Zusätzlich wird in dieser Phase das Server-Zertifikat überprüft, da dieses vom Proxy auch ausgetauscht werden könnte. Anhand dieser Merkmale wird ein Proxy klassifiziert:

— Trusted: Weder Veränderung am Inhalt noch am Zertifikat ist erfolgt.
— Suspicious: Der Inhalt oder das Zertifikat wurden manipuliert.
— Unrated: Der Inhalt der Webseite konnte nicht innerhalb der angeforderten Zeit abgerufen werden.

Zusätzlich ermittelt diese Phase sowohl die Dauer des Downloads der Seite als auch die Dauer, bis das JavaScript „onLoad"-Event ausgeführt wird, um später dem Nutzer die schnellsten Proxys anzubieten.

Phase 4. In der letzten Phase erfolgt das passive Analysieren anhand der Nutzeraktionen mit den Proxys. Dazu dient ein Chrome-Plugin, welches durch den Nutzer installiert wird und Metadaten wie die Anzahl der aufgerufenen Webseiten und Fehler übermittelt – keine personenbezogenen Daten. Innerhalb des Browser-Plugins kann der Nutzer anhand des Landes, der Anonymität als auch der Geschwindigkeit einen Proxy auswählen.

6.2 Studien-Resultate

Die Studie ergab nach über zehn Monaten, dass bei zehn Prozent der funktionierenden Proxys eine böswillige Absicht zu finden ist. Dabei ist zu relativieren, dass es durchaus mehr sein können, da das Manipulieren von Inhalten bei 40 Prozent der Proxys nur bei jeder zehnten Anfrage erfolgte. Bei gerade einmal 20 Prozent der Proxys mit böswilligem Hintergrund wurde eine Manipulation in jeder Anfrage festgestellt. So kann es durchaus sein, dass unter den 20610 als „trusted" klassifizierten Proxys noch mehr „suspicious" Proxys enthalten sind, die aber nur bei einem hier nicht getesteten User-Agent ein Schadprogramm injizieren.[26] Zu den möglichen Angriffsszenarien durch Proxys gehören dabei Werbeanzeigen in die angefragte Webseite hinzuzufügen, HTTP-Header zu manipulieren, TLS-Verschlüsselung zu unterbinden, Cookies zu stehlen und das Überwachen von Nutzern beziehungsweise sogenanntes „user tracking/ profiling".

Gerade das Einblenden von Werbung und das Tracking von Nutzern kommt besonders häufig bei den getesteten Proxys vor. Dieser Angriffsvektor lässt sich auch bei der Manipulation der HTTP-Header wiederfinden. Neben den normalen HTTP-Header die durch den Proxy (Connection, X-FORWARD-FOR, etc.) gesetzt werden, werden zusätzlich Cookies oder der X-Adblock-Key-Header gesetzt. Diese dienen dazu Nutzer im Internet zu verfolgen oder trotz Werbungsblocker im Browser diese dem Client anzuzeigen, um monetäre Vorteile durch beispielsweise Affiliate-Marketing zu erhalten. Interessant ist, dass der CORS-Header immer wieder durch Proxys gesetzt wird, wodurch in eine angefragte Webseite ein Schadprogramm injiziert werden kann und beim Öffnen der Webseite im Browser des Opfers dieses auch problemlos geladen werden darf. Hingegen gibt es kaum Zertifikatsmanipulation, vermutlich da diese in modernen Browsern zu schnell entdeckt werden würde und das Opfer den Proxy nicht weiter nutzen würde. Trotz allem unterstützen nur 44 Prozent der untersuchten Proxys eine verschlüsselte Kommunikation und dies meist mit einem selbstsignierten Zertifikat, das noch nicht einmal den angefragten Proxy-Hostnamen ausgestellt ist.

Die Nutzung der Proxys sieht überraschend wie folgt aus: 70 Prozent der Nutzer wählten ein Land aus, in welchem sie sich selbst befinden, wie auch die Webseite, die sie durch den Proxy anfragten. Auf das Anonymitätslevel wurde dabei von den 1500 Nutzer kaum geachtet, wobei bei der Entscheidung hauptsächlich der anonyme Proxy ausgewählt wurde (70%), anstatt den elite Proxy (7%), welcher einiges anonymer ist.[26] Hier täuscht der Name der Anonymität vermutlich den Endnutzer.

Der Studie nach werden Proxys weniger für das Aufheben von Geo-Position geblockten Inhalten genutzt, sondern mehr zum normalen Browsen im Internet. Der Nutzer hat das Gefühl, sicherer zu sein, da seine IP-Adresse nicht direkt sichtbar ist. Da die IP jedoch je nach Anonymitäts-Level im HTTP-Header übertragen wird, sieht die Wahrheit anders aus. Eine Alternative dazu bieten Virtuelle Private Netzwerke.

Es zeigt sich sehr schnell, dass kostenlose Proxys meist aus einem Grund gratis zur Verfügung stehen. Zudem lässt eine schnelle Geschwindigkeit eines Proxys auf eine böswillige Absicht schließen, nämlich mit dem Ziel das Opfer zu verlocken.

7   Fazit

Sicherheit und Privatsphäre im Internet zu verstehen, zu managen und gezielt agieren zu können, stellt eine große Herausforderung dar. Nicht nur die Tatsache, dass Endnutzer ohne technischen Hintergrund oft falsche Annahmen treffen, sondern auch durch Fachpersonal entwickelte Software in großen Unternehmen wie Netflix und Google Sicherheitslücken vorweisen, zeigt wie vielschichtig das Thema Sicherheit ist und wie viel Potenzial es noch gibt, um in diesem Bereich Optimierungen zu schaffen. Wichtig ist gerade deswegen, sich die aktuelle Situation immer vor Augen zu halten, Prozesse und Tools zu hinterfragen und möglichst vorsichtig mit vertraulichen Informationen und der eigenen Identität im Internet umzugehen.

References

1. Bundesamt für Sicherheit in der Informationstechnik, https://www.bsi.bund.de/Shared Docs/Downloads/DE/BSI/Publikationen/Lageberichte/Lagebericht2018.pdf ?__blob=publicationFile&v=6, last accessed 2019/05/14.
2. Yuxi Wu, Panya Gupta, Miranda Wei, Yasemin Acar, Sascha Fahl, Blasé Ur.: Your Secrets Are Safe: How Browsers` Explanations Impact Misconceptions About Private Browsing Mode, WWW 2018, April 23-27, 2018, Lyon, France.
3. Friedrich-Alexander-Universität Erlangen-Nürnberg, https://meinstudium.fau.de/studienangebot/informatikit-sicherheit-bsc/, last accessed 2019/05/14.

4. Patrick Schnabel, https://www.elektronik-kompendium.de/sites/net/2101151.htm, last accessed 2019/05/16.
5. IO-Images, https://pixabay.com/de/vectors/smartphone-handy-telefon-1132675/, last accessed 2019/05/16.
6. TheUjulala, https://pixabay.com/de/vectors/pc-computer-pc-tower-rechner-189255/, last accessed 2019/05/16.
7. John Burke, https://www.computerweekly.com/de/antwort/Was-ist-der-Unterschied-zwischen-dem-TCP-IP-und-dem-OSI-Modell, last accessed 2019/05/16.
8. Dr. Datenschutz, https://www.datenschutzbeauftragter-info.de/osi-modell-so-kommuni zieren-rechner/, last accessed 2019/05/16.
9. Simon Batt, https://www.makeuseof.com/tag/reasons-avoid-free-proxy-servers/, last accessed 2019/06/10.
10. Mozilla Corporation, https://developer.mozilla.org/de/docs/Web/HTTP/Headers/X-Frame-Options, last accessed 2019/05/16.
11. Ketchum Pleon, https://de.statista.com/statistik/daten/studie/205381/umfrage/stellenwert-des-schutzes-der-privatsphaere-im-internet/, last accessed 2019/05/20.
12. Timothy Morey, Theodore "Theo" Forbath, Allison Schoop, https://hbr.org/2015/05/customer-data-designing-for-transparency-and-trust, last accessed 2019/05/20.
13. Stephan Dörner, https://www.welt.de/wirtschaft/webwelt/article144508313/Die-Deutschen-sind-erschreckend-uninformiert.html, last accessed 2019/05/21.
14. ibi research, https://de.statista.com/statistik/daten/studie/73102/umfrage/wiedererkennung-von-besuchern-von-online-shops/, last accessed 2019/05/21.
15. 1&1 Mail & Media, https://de.statista.com/statistik/daten/studie/800378/umfrage/massnah-men-zum-schutz-persoenlicher-daten-im-internet-in-deutschland/, last accessed 2019/05/21.
16. Gaurav Aggarwal, Ellie Bursztein, Collin Jackson,Dan Boneh, https://crypto.stanford.edu/~dabo/pubs/papers/privatebrowsing.pdf, last accessed 2019/05/21.
17. Quinten, https://vpnoverview.com/de/privatsphaere/anonym-surfen/wie-anonym-private-browsing-inkognito-modus/, last accessed 2019/05/21.
18. Hauke Gierow, https://www.golem.de/news/fingerprinting-nutzer-lassen-sich-ueber-browser-hinweg-tracken-1701-125627.html, last accessed 2019/05/22.
19. Yinzhi Cao, Song Li, Erik Wijmans, http://yinzhicao.org/TrackingFree/crossbrowser tracking_NDSS17.pdf, last accessed 2019/05/22.
20. Ipsos, FUR, https://www.statista.com/statistics/448388/devices-used-for-mobile-internet-access-germany/, last accessed 2019/05/28.
21. Norton_Team, https://de.norton.com/norton-blog/2016/06/was_ist_clickjacking.html, last accessed 2019/05/28.
22. Abner Mendoza, Phakpoom Chinprutthiwong, Guofei Gu, Uncovering HTTP Header Inconsistencies and the Impact on Desktop/Mobile Websites, WWW 2018, April 23-27, 2018, Lyon, France.
23. ComScore Survey, https://smartinsights.com/mobile-marketing/mobile-marketing-analyt-ics/ mobile-marketing-statistics, last accessed 2019/06/01.
24. Dawid Czgan, https://resources.infosecinstitute.com/securing-cookies-httponly-secure-flag s/#gref, last accessed 2019/06/05.
25. David, https://www.selbstaendig-im-netz.de/webdesign/7-http-security-header-website-sicherheit/, last accessed 2019/06/05.
26. Diego Perino, Matteo Varvello, Claudio Soriente, ProxyTorrent: Untagling the Free HTTP(s) Proxy Ecosystem, WWW 2018, April 23-27, 2018, Lyon, France.

BEI GRIN MACHT SICH IHR WISSEN BEZAHLT

- Wir veröffentlichen Ihre Hausarbeit, Bachelor- und Masterarbeit

- Ihr eigenes eBook und Buch - weltweit in allen wichtigen Shops

- Verdienen Sie an jedem Verkauf

Jetzt bei www.GRIN.com hochladen und kostenlos publizieren